Gerit Kopietz und Jörg Sommer

Spukgeschichten

Illustrationen von Silke Voigt

Die Deutsche Bibliothek – CIP-Einheitsaufnahme

Lesepiraten-Spukgeschichten / Gerit Kopietz ; Jörg Sommer.
Ill. von Silke Voigt.
– 1. Aufl. – Bindlach : Loewe, 2002
(Lesepiraten)
ISBN 3-7855-4365-4

Der Umwelt zuliebe ist dieses Buch
auf chlorfrei gebleichtem Papier gedruckt.

ISBN 3-7855-4365-4 – 1. Auflage 2002
© 2002 Loewe Verlag GmbH, Bindlach
Umschlagillustration: Silke Voigt
Reihengestaltung: Angelika Stubner

www.loewe-verlag.de

Inhalt

Die Gespensterprüfung

Es ist schon spät.

Die Eltern schlafen längst.

Doch Karsten liegt

noch wach im Bett.

In der Wohnung ist alles still.

Wirklich alles?

Nein!

In der gespenstischen Stille

tickt es und knackt.

Es brummt und knarrt.

Karsten fröstelt.

Er bekommt eine Gänsehaut

und zieht seine Bettdecke

ein ganzes Stück höher.

Aber nur so hoch,

dass er noch etwas sehen kann.

Karsten lässt seinen

Blick durchs Zimmer wandern.

Von der Tür zum Fenster.

10

Der Vorhang bewegt sich.

Karsten sieht es genau.

Er schaut vom Fenster

zu seinem Kleiderschrank.

Der Schlüssel dreht sich

im Schloss hin und her.

Ein Buch fällt um.

Karsten erschrickt fürchterlich.

Er sieht zum Bücherregal.

„Mama, ich hab Angst!",

flüstert er leise.

Dann zieht er die Bettdecke
über die Augen.
Er will nichts mehr sehen.
Plötzlich hört Karsten jemand kichern.
Er linst unter der Decke hervor.
Mitten auf dem Teppich
sitzt ein klitzekleines Gespenst.
Es lacht ihn freundlich an.

„Danke, Karsten.

Du hast dich toll gefürchtet.

So toll,

dass ich meine Gespensterprüfung

bestanden habe."

Karsten schaut

das kleine Gespenst

verdutzt an.

Dann müssen beide lachen.

Mama spukt

Tina feiert bald Geburtstag.
Acht Jahre wird sie alt.
Sie hat alle ihre Freunde
auf die alte Burg eingeladen.
Mama und Papa
bereiten das Geburtstagsfest vor.

Sie besorgen die Zutaten
für einen leckeren Burgschmaus
und überlegen sich tolle Spiele.
Papa heckt
zusammen mit Mama
eine gespenstische Überraschung aus:

„Ich laufe
mit den Kindern
zur Burg.
Du verkleidest dich
als sprudeliges Spritzgespenst
und überraschst uns am Waldsee.

Danach kommst du
unverkleidet auf die Burg.
So merkt keiner etwas."
„Tolle Idee", findet Mama und lacht.

Der Festtag rückt heran.
Die Kinder toben ausgelassen
durch den Wald.
Am Waldsee taucht plötzlich
das sprudelige Spritzgespenst auf.

Mit seiner Wasserspritze
macht es alle nass.
Seine Ketten rasseln gruselig.
Heulend und kreischend
jagt es Papa und die Kinder
bis zur Burg.
Plötzlich ist es verschwunden.

Eine Viertelstunde später
kommt Mama in die Burg.
Papa ist begeistert.
„Du hast das Gespenst
täuschend echt gespielt!"
Mama schaut ungläubig.
„Wovon sprichst du?
Ich war doch gar nicht da!
Das Auto ist nicht angesprungen."

Papa schüttelt den Kopf.
„Aber, das Gespenst?"
„Welches Gespenst?",
fragt Mama verwundert.

Papa und Mama
schauen sich verwirrt an.
Und über die Burgmauer grinst
das sprudelige Spritzgespenst.

Schreck um Mitternacht

Sven macht Ferien
im Zeltlager.
Er hat dort viele Freunde.
Sie machen tolle Sachen zusammen.
Nur eines findet Sven doof:
die Mädchen.

Die meinen doch tatsächlich,
sie sind schöner,
klüger und viel mutiger.

Und Lotta

ist die Schlimmste von allen.

Doch Sven hat eine Idee.

Für heute Abend ist eine

Nachtwanderung geplant.

Da wird er es Lotta so richtig zeigen.

Und den anderen Mädchen auch.

Als es dämmert,

läuft die Gruppe los.

Sven bleibt zurück.

Er zieht ein weißes Leintuch über.

Dann macht auch

Sven sich auf den Weg.

Er nimmt eine Abkürzung

und wartet im Gebüsch.

Es ist stockdunkel.

Gleich müssen sie kommen.

Plötzlich raschelt es hinter Sven.

Er zuckt zusammen.

Was war das?

Sven sieht sich

erschrocken um.

In der Ferne flackern Lichtkegel.

Ein Schrei ertönt.

Dann ist es still.

Gruselig still.

Sven rührt sich nicht.

Da wirft jemand ein Netz über ihn.

„He, was soll das? Hiiilfe ...“

Sven zappelt und schreit.

24

Eine tiefe Stimme brummt:
„Erhebe dich, du müder Geist."
Ein hämisches Lachen folgt.
Kurz darauf sitzt Sven
im Schein vieler Taschenlampen.

Lotta und die anderen Mädchen
streifen ihre Leintücher ab.
„Deine Idee war gut, Sven.
Aber wir hatten sie zuerst!"

Lotta streckt ihm
die Hand entgegen.
„Lass uns zusammen spuken!"
Erleichtert schlägt Sven ein.

Gute Fahrt!

Papa, Hannes und Anne
haben eingekauft.
„Jetzt müssen wir noch
in die Waschanlage",
meint Papa.
Sie fahren vor das große Tor.
Die Ampel zeigt Rot.

Hannes liest die Anweisung:

„Motor bitte ausschalten,

Leerlauf einlegen,

Handbremse lösen."

Als die Ampel auf Grün umspringt,

werden sie wie von Geisterhand

in der Metallschiene angezogen.

Große und kleine Bürsten
setzen sich in Bewegung.
Langsam gleiten sie
rechts und links empor.
Anne wird bange.
„Das ist ja richtig gespenstisch!"
Eine sonnengelbe Bürste
rückt bedrohlich näher.
Sie wetzt über die Frontscheibe.

Zwei weiße Bürsten
verdecken die Sicht zur Seite.
„Uhh, wie unheimlich!"
Jetzt wird auch Hannes mulmig.
Papa lacht:
„Ihr Angsthasen!"

Hannes zupft Anne am Ärmel:
„Hast du gesehen?
Ein Gespenst ..."
Anne nickt ängstlich.

Auf dem Autodach

rasselt, klappert und bläst es.

„Da, Papa, schon wieder eines!"

„Anne, es gibt keine Gespenster."

Endlich!

Anne und Hannes atmen auf.

Zentimeter für Zentimeter

öffnet sich das Tor.

Papa sucht etwas im Fußraum.

Draußen stehen

zwei kleine Gespenster.

Sie zwinkern und winken

den Kindern freundlich zu.

Als Papa wieder auftaucht,

sind die Gespenster verschwunden.

Papa fragt:

„Wenn es euch zu gruselig ist,
dann wollt ihr beim nächsten Mal
sicher zu Hause bleiben!?"
Hannes und Anne rufen wie aus
einem Mund:
„Nein, Papa!!"

33

Moritz kennt keine Angst

Moritz und seine Freunde sind
auf dem Weg zum Volksfest.
Kalle prahlt:
„Ich war gestern schon hier.
Der Weltraumkreisel ist irre!"

„Und die Geisterbahn
ist die gruseligste überhaupt",
meint Birgit.

Kalle, Silke, Sanne und Fred
wollen Geisterbahn fahren.
„Ist doch alles Babykram",
meint Moritz gelangweilt.
Aber schließlich fährt er doch mit.
Schon allein die Dunkelheit
ist gespenstisch.
Hier und da tauchen
Furcht erregende Gestalten auf.

Aus allen Ecken ertönen
schauerliche Geräusche.
Ein kalter Wind weht.
Alle haben eine Gänsehaut.
Alle gruseln sich.
Alle – außer Moritz.
„Und vor so was
habt ihr Angst?"

Moritz starrt seine Freunde
fassungslos an.
Nach einem grellen Blitz
fallen sie in die Tiefe.
Der Sturz ins schwarze Loch
dauert unendlich lange.

37

Erst nach einer Viertelstunde
kommen die fünf Freunde
wieder ans Tageslicht.
Ihre Knie zittern noch immer.
Jetzt brauchen alle ein Eis.
Moritz lehnt lässig am Eisstand.
Er gähnt:
„Das war vielleicht langweilig!"

38

Da platzt Kalles Luftballon.

Moritz zuckt zusammen.

Sein Eis plumpst auf den Boden.

„Da hat sich dein Eis

aber erschrocken",

sagt Birgit.

Alle grinsen Moritz an.

Moritz sagt nichts.

Seine Knie zittern noch immer.

Rettet die Schule!

Am Ende der Straße

liegt das ehemalige Schulhaus.

Es steht schon lange leer.

Das alte Haus

ist eine Schande für die Stadt.

Das meint der Bürgermeister

und auch der Gemeinderat.

40

Viele Kinder spielen dort.

Doch das Haus muss weg.

Die Straße soll weiterführen.

Die Kinder sind traurig.

Aber es nützt nichts.

Die Bagger kommen doch.

Ein großer Schaufellader

rollt auf das Haus zu.

Da braust es in der Luft:
„A-B-C-D-E,
tut uns doch nicht weh!"
Wie ein endloses Echo
dröhnen und hallen
die Worte um das alte Haus.
Sie werden immer lauter.

„Wie soll ich bei dem Lärm arbeiten?",
fragt der Baggerführer genervt.
Am zweiten Tag geht es weiter:
„F-G-H, I-J-K,
wir sind schon so lange da."
Und auch am dritten Tag:
„L-M-N, O-P-Q,
lasst uns endlich unsre Ruh!"

43

Am vierten Tag
kommt der Bürgermeister
höchstpersönlich.
Er schimpft mit dem Bauleiter.

Dann hört auch er es:
„R-S-T, U und V,
wir hören nicht auf
mit diesem Radau."
„So geht das unmöglich!"
Mit zugehaltenen Ohren
rennt er davon.

Kurze Zeit später

lässt er die Arbeiten einstellen.

„Eine Kurve ist sowieso besser."

Die Kinder jubeln.

Sie feiern ein großes Fest.

Die Tische sind gedeckt.

Alle setzen sich.

Nur vier Plätze bleiben leer.

Die Kinder rufen:

„W-X, Y-Z,

der Spuk war wirklich nett!"

Und plötzlich werden sie sichtbar:

vier alte Schulgeister!

Sie feiern mit den Kindern

den ganzen Tag.

Kuchen ohne Sahne?

Es ist Sonntag.

Tante Hella und Onkel Jo

sind zu Besuch.

Irina freut sich.

Sie mag die beiden gerne.

Alle sitzen um den Tisch.

Mama hat Kuchen gebacken.

„Irina, holst du bitte
die Sahne aus dem Keller?"
Irina verzieht das Gesicht.
„Immer ich."

Mürrisch geht sie
die Kellertreppe hinunter.
Die Kellerlampe
spendet wenig Licht.
Irina will die Sahne nehmen.

„Buuuh!",

ertönt es auf einmal hinter dem Regal.

Irina zieht ihre Hand zurück.

Ein kleines, dunkelblaues

Männchen schwebt

durch den Raum.

Seine Augen funkeln Irina an.

„Ksch, ksch, ksch ..."

Es will Irina vertreiben.

Doch Irina denkt nicht daran.

Wieder streckt sie

ihre Hand nach der Sahne aus.

Wie ein Wirbelwind

braust das Gespenst

zwischen Hand und Sahne

hindurch.

Es wirft ein Gurkenglas

vom Regal.

Es klappert mit den Wimpern

und schaut Irina böse an.

Da wird es Irina zu blöd.

Ohne Sahne läuft sie nach oben
ins Wohnzimmer.
„Im Keller sitzt ein Gespenst!"
Papa, Tante Hella
und Onkel Jo lachen.
Doch Mama ist verärgert.
Sie läuft in den Keller,
um die Sahne selbst zu holen.

Kurz darauf kommt sie wieder.

Kreidebleich sinkt sie

auf einen Stuhl.

„Und?", fragt Irina schmunzelnd.

Mama schluckt.

„Ich glaube,

wir essen den Kuchen

heute besser ohne Sahne."

Spuken will gelernt sein

Peer ist umgezogen.
Ab heute geht er
in eine neue Schule.
Er ist so aufgeregt,
dass er sich
auf dem Weg dorthin verläuft.
Wo ist denn nun die Schule?

5,3

Bestimmt ist es das alte
Backsteinhaus
am Ende der langen Einfahrt.
Peer rennt,
denn er ist spät dran.
Es klingelt zur ersten Stunde,
als er endlich ankommt.
„Nanu?", wundert sich Peer.
„Es gibt ja nur eine Klasse."

54

Die Kinder und der Lehrer
nehmen Peer freundlich auf.
Seine Banknachbarin heißt Roxanna.
Der HuS-Unterricht beginnt.
Der Lehrer stellt eine Uhr
auf den Tisch.
Die Uhr schlägt zwölfmal.
Peer wundert sich.
Am frühen Morgen?

Der Lehrer nickt Roxanna zu.

Der Vorhang weht zur Seite.

Das Fenster geht auf.

Der Wind pfeift durchs Zimmer.

Das Bild an der Wand wackelt.

Die Blumenvase fällt um.

Peer erschaudert.

Die Schüler bleiben ganz cool.

„Was ist denn hier los?",
fragt sich Peer.
Der Lehrer sagt:
„Atanasius, du bist dran."

Alles wiederholt sich.
Nur die Blumenvase bleibt stehen.
Der Lehrer mahnt:
„Das war nicht ganz richtig."
Peer bekommt eine Gänsehaut.
Irgendetwas stimmt hier nicht!

HuS-Unterricht
kennt er anders.
HuS ist doch die Abkürzung
für Heimat- und Sachkunde!
Fragend sieht er Roxanna an.
„HuS?"

„Heulen und Spuken.
Hattet ihr das vorher nicht?"
Peer erschrickt.
Da ist er wohl
in einer echten
Gespensterschule gelandet!

Plötzlich rumst es.

Peer schlägt die Augen auf.

Er liegt auf dem Boden

vor seinem Bett.

Mama schaut besorgt zur Tür herein.

„Ist was passiert?"

Peer lächelt.

„Nein. Ich habe

nur geträumt."

Gerit Kopietz und **Jörg Sommer** kennen sich seit ihrer Jugend aus gemeinsamer pädagogischer Arbeit. Sie sind verheiratet und haben zusammen vier Kinder. Die Kopietz-Sommers leben auf einem ehemaligen Bauernhof im Schwäbischen. In Fachkreisen sind sie bekannt für innovative pädagogische Ratgeber. Mittlerweile schreiben sie vor allem Erzählungen und Sachbücher für Kinder und Jugendliche.

Silke Voigt wurde 1971 in Halle/Saale geboren. Sie hat in Münster Grafik-Design und freie Kunst studiert und arbeitet seit 1995 als freiberufliche Grafikerin und Illustratorin. Mit viel Humor zeichnet sie besonders gern lustige und freche Bilder für Erstlesebücher. Kein Wunder, dass sie das so gut kann, denn schon mit vier Jahren hat sie alles, was sie sich gewünscht, aber nicht bekommen hat, einfach aufgemalt. Heute lebt Silke Voigt mit ihrem Mann und ihrer Tochter in der Nähe von Münster auf dem Land.

Alle  auf einen Streich!

Lesepiraten-**Abc-**Geschichten
Lesepiraten-**Abenteuer**geschichten
Lesepiraten-**Advents**geschichten
Lesepiraten-**Detektiv**geschichten
Lesepiraten-**Ferien**geschichten
Lesepiraten-**Freundschafts**geschichten
Lesepiraten-**Fußball**geschichten
Lesepiraten-**Geburtstags**geschichten
Lesepiraten-**Geschwister**geschichten
Lesepiraten-**Gespenster**geschichten
Lesepiraten-**Hexen**geschichten
Lesepiraten-**Hunde**geschichten
Lesepiraten-**Indianer**geschichten

Beim Klabauter-mann!

Setzt die Segel!

Ahoi!

Ahoi!

Lesepiraten-**Kuschel**geschichten
Lesepiraten-**Monster**geschichten
Lesepiraten-**Oster**geschichten
Lesepiraten-**Pferde**geschichten
Lesepiraten-**Pony**geschichten
Lesepiraten-**Ritter**geschichten
Lesepiraten-**Schatzinsel**geschichten
Lesepiraten-**Schul**geschichten
Lesepiraten-**Schulklassen**geschichten
Lesepiraten-**Seeräuber**geschichten
Lesepiraten-**Tier**geschichten
Lesepiraten-**Weihnachts**geschichten

Loewe